okul - škola	2
seyahat - cesta	5
ulaşım - doprava	8
şehir - mesto	10
arazi - terén	14
restoran - reštaurácia	17
süpermarket - supermarket	20
içecekler - nápoje	22
yemek - jedlo	23
çiftlik - farma	27
ev - dom	31
oturma odası - obývačka	33
mutfak - kuchyňa	35
banyo - kúpeľňa	38
çocuk odası - detská izba	42
kıyafet - šatstvo	44
ofis - kancelária	49
ekonomi - hospodárstvo	51
meslekler - povolania	53
aletler - náradie	56
müzik enstrümanı - hudobné nástroje	57
hayvanat bahçesi - ZOO	59
sporlar - šport	62
etkinlikler - aktivity	63
aile - rodina	67
vücut - telo	68
hastane - nemocnica	72
acil - urgentný prípad	76
dünya - Zem	77
saat - hodiny	79
hafta - týždeň	80
yıl - rok	81
şekiller - tvary	83
renkler - farby	84
zıt anlamlılar - protiklady	85
sayılar - čísla	88
diller - jazyky	90
kim / ne / nasıl - kto/čo/ako	91
nerede - kde	92

AF188322

Impressum
Verlag: BABADADA GmbH, Nedderfeld 112 , 22529 Hamburg
Geschäftsführer / Verlagsleitung: Harald Hof
Druck: Books on Demand GmbH, In de Tarpen 42, 22848 Norderstedt

Imprint
Publisher: BABADADA GmbH, Nedderfeld 112 , 22529 Hamburg, Germany
Managing Director / Publishing direction: Harald Hof
Print: Books on Demand GmbH, In de Tarpen 42, 22848 Norderstedt

okul

škola

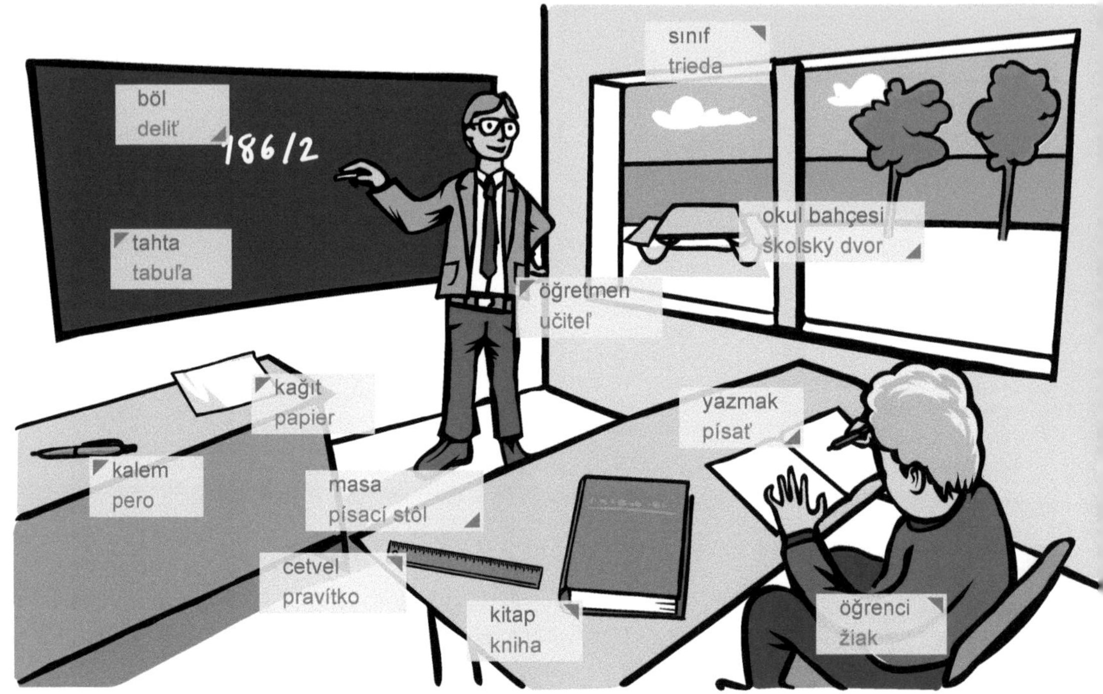

sınıf
trieda
böl
deliť
186/2
tahta
tabuľa
okul bahçesi
školský dvor
öğretmen
učiteľ
kağıt
papier
yazmak
písať
kalem
pero
masa
písací stôl
cetvel
pravítko
kitap
kniha
öğrenci
žiak

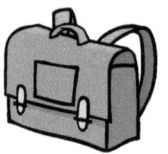

okul çantası

školská taška

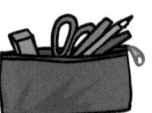

kalemlik

peračník

kurşun kalem

ceruza

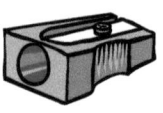

kalem açacağı

strúhadlo na ceruzky

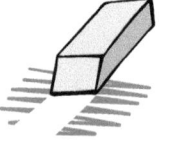

silgi

guma

çizim defteri

skicár

çizim

kresba

resim fırçası

štetec

boya kutusu

vodové farby

makas

nožnice

tutkal

lepidlo

alıştırma kitabı

cvičný zošit

ödev

domáca úloha

12

sayı

číslo

2+2

ekle

sčítať

5-2

çıkar

odčítať

2×2

çarp

násobiť

hesapla

počítať

A

harf

písmeno

ABCDEFG
HIJKLMN
OPQRSTU
VWXYZ

alfabe

abeceda

kelime

slovo

metin

text

okumak

čítať

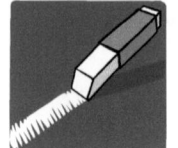

tebeşir

krieda

ders

hodina

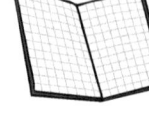

kayıt

triedna kniha

sınav

skúška

sertifika

certifikát

okul forması

školská uniforma

eğitim

vzdelanie

ansiklopedi

encyklopédia

üniversite

univerzita

mikroskop

mikroskop

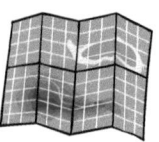

harita

mapa

kağıt çöp kutusu

kôš na papier

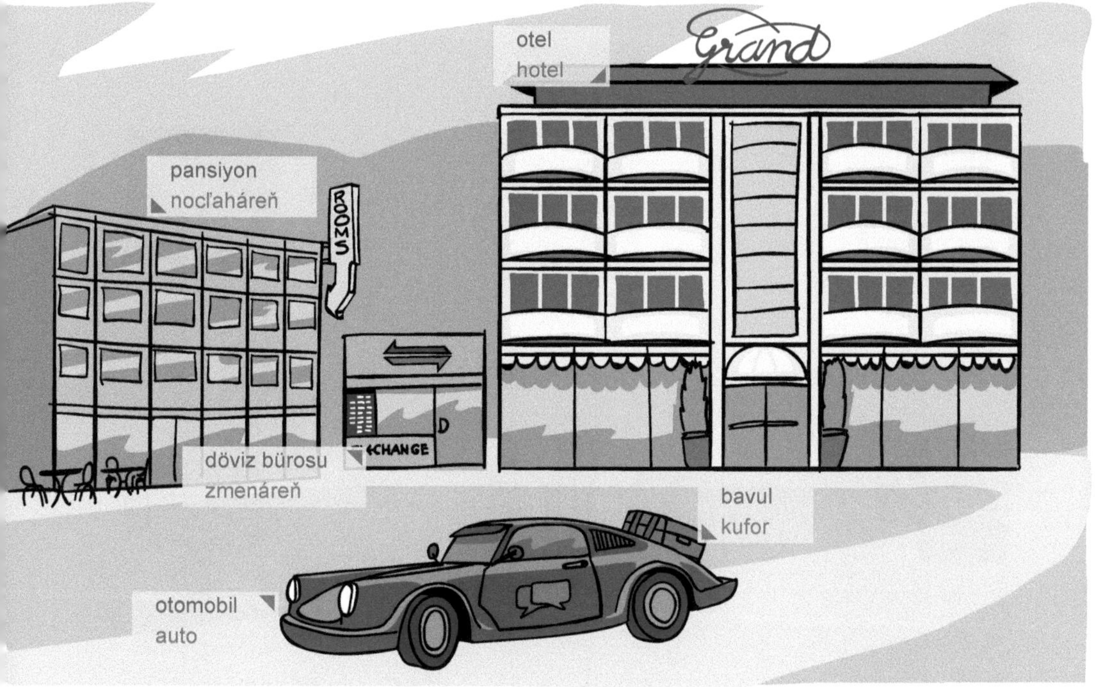

otel
hotel
Grand
pansiyon
nocľaháreň
ROOMS
döviz bürosu
zmenáreň
EXCHANGE
bavul
kufor
otomobil
auto

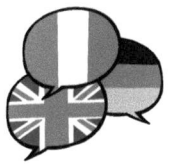

dil
jazyk

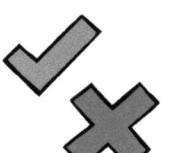

evet / hayır
áno/nie

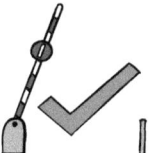

Tamam
v poriadku

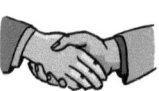

merhaba
ahoj

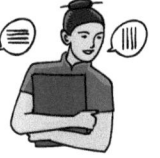

çevirmen
prekladateľ

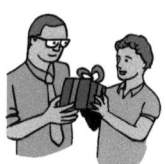

Teşekkür ederim
ďakujem

bu … ne kadar?

Koľko stojí … ?

anlamadım

Nerozumiem

problem

problém

İyi akşamlar!

Dobrý večer!

Günaydın!

Dobré ráno!

İyi geceler!

Dobrú noc!

güle güle

Dovidenia

yön

smer

bagaj

batožina

çanta

taška

sırt çantası

batoh

misafir

hosť

oda

izba

uyku tulumu

spacák

çadır

stan

turist danışma

informácie pre turistov

sahil

pláž

kredi kartı

kreditná karta

kahvaltı

raňajky

öğle yemeği

obed

akşam yemeği

večera

Bilet

cestovný lístok

asansör

výťah

pul

poštová známka

sınır

hranica

gümrük

clo

elçilik

veľvyslanectvo

vize

vízum

pasaport

cestovný pas

ulaşım
doprava

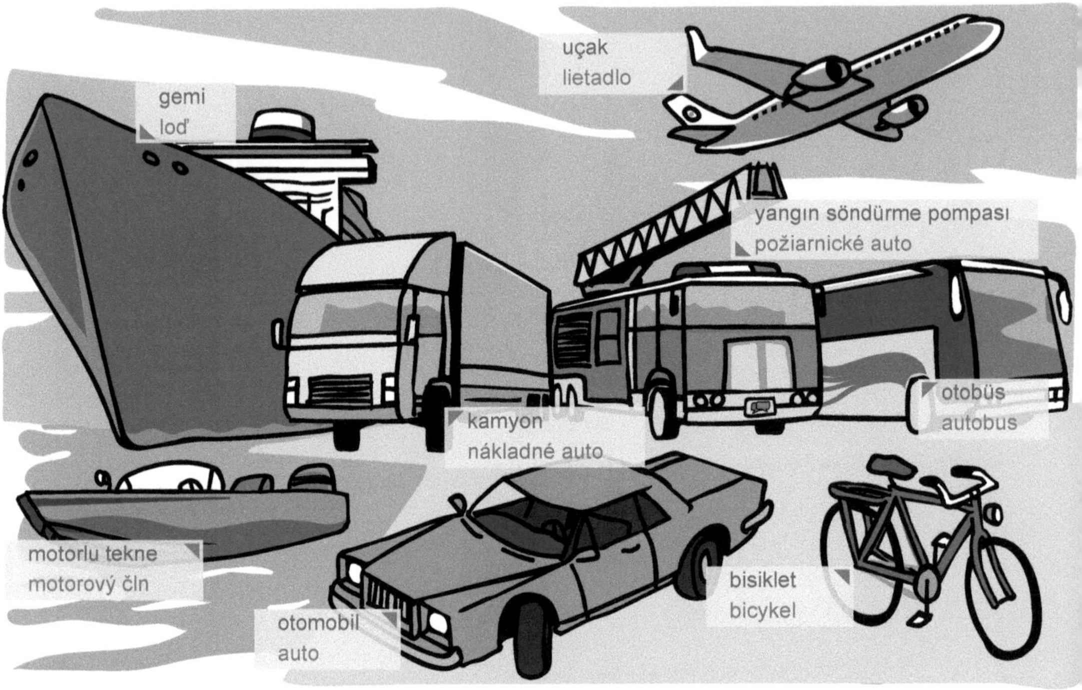
uçak
lietadlo
gemi
loď
yangın söndürme pompası
požiarnické auto
otobüs
autobus
kamyon
nákladné auto
motorlu tekne
motorový čln
bisiklet
bicykel
otomobil
auto

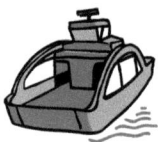

feribot
trajekt

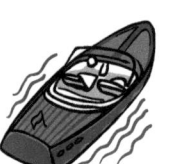

bot
loď

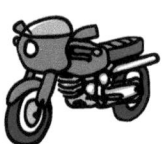

motosiklet
motorka

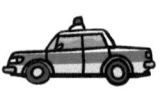

polis arabası
policajné auto

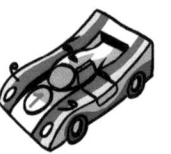

yarış arabası
pretekárske auto

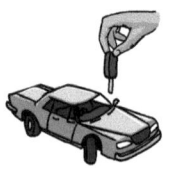

kiralık araba
vozidlo z požičovne

ortak araba

carsharing

çekici

odťahové auto

çöp kamyonu

smetiarske auto

motor

motor

yakıt

benzín

benzinlik

čerpacia stanica

trafik işareti

dopravná značka

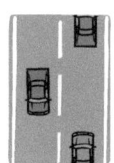

trafik

premávka

trafik sıkışıklığı

zápcha

otopark

parkovisko

tren istasyonu

vlaková stanica

ray

trate

tren

vlak

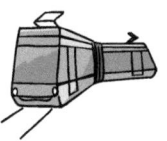

tramvay

električka

vagon

vagón

helikopter
helikoptéra

havaalanı
letisko

kule
veža

yolcu
pasažier

konteyner
kontajner

koli
kartón

yük arabası
vozík

sepet
kôš

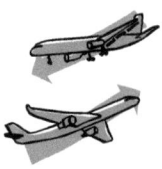

kalkış / iniş
štartovať / pristáť

şehir
mesto

köy
dedina

şehir merkezi
centrum mesta

ev
dom

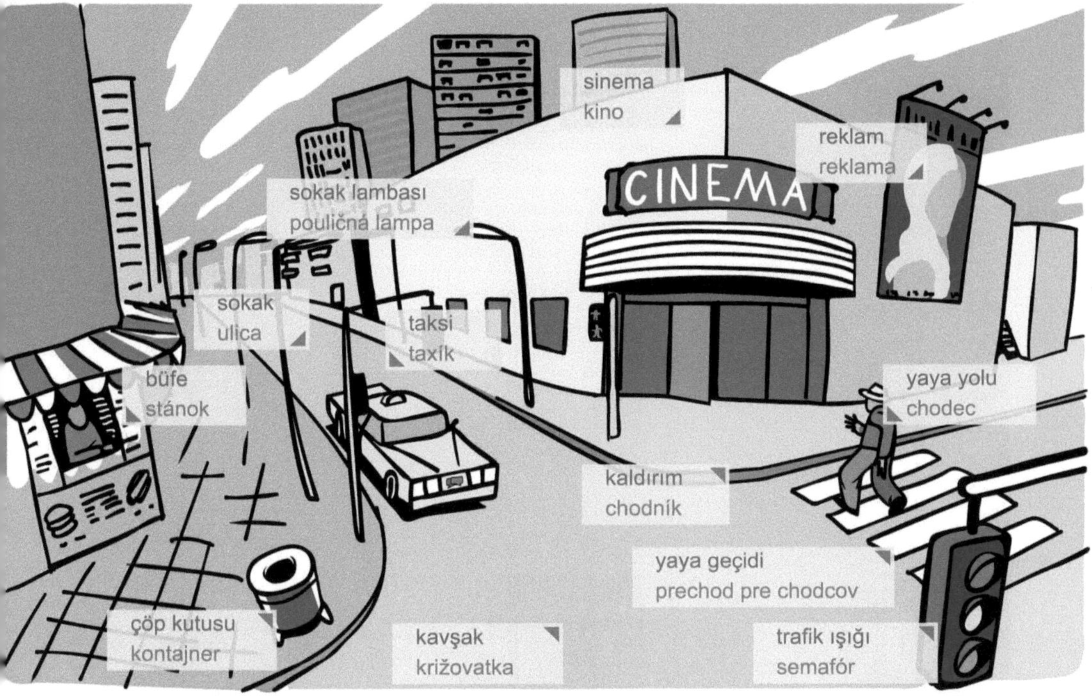

sinema
kino

reklam
reklama

sokak lambası
pouličná lampa

CINEMA

sokak
ulica

taksi
taxík

büfe
stánok

yaya yolu
chodec

kaldırım
chodník

yaya geçidi
prechod pre chodcov

çöp kutusu
kontajner

kavşak
križovatka

trafik ışığı
semafór

kulübe

chata

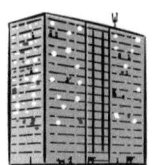

apartman dairesi

byt

tren istasyonu

vlaková stanica

belediye binası

radnica

müze

múzeum

okul

škola

üniversite

univerzita

banka

banka

hastane

nemocnica

otel

hotel

eczane

lekáreň

ofis

kancelária

kitapçı

kníhkupectvo

mağaza

obchod

çiçekçi

kvetinárstvo

süpermarket

supermarket

market

trh

büyük mağaza

obchodný dom

balık satıcısı

obchodník s rybami

alışveriş merkezi

nákupné stredisko

liman

prístav

park
park

bank
lavička

köprü
most

merdiven
schody

metro
metro

tünel
tunel

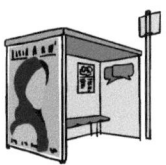

otobüs durağı
autobusová zastávka

bar
bar

restoran
reštaurácia

posta kutusu
poštová schránka

sokak tabelası
tabuľa s názvom ulice

otopark sayacı
parkovacie hodiny

hayvanat bahçesi
ZOO

yüzme havuzu
plaváreň

cami
mešita

çiftlik
farma

kirlilik
znečisťovanie životného prostredia

mezarlık
cintorín

kilise
kostol

oyun alanı
ihrisko

tapınak
chrám

arazi

terén

yaprak
list

yön tabelası
smerová tabuľa

yol
cesta

çayır
lúka

taş
kameň

ağaç
strom

yürüyüşçü
turista

ırmak
rieka

çimen
tráva

çiçek
kvet

vadi
dolina

tepe
kopec

göl
jazero

orman
les

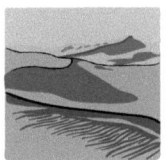

çöl
púšť

volkan
vulkán

kale
zámok

gökkuşağı
dúha

mantar
hríb

palmiye
palma

sivrisinek
komár

sinek
mucha

karınca
mravec

arı
včela

örümcek
pavúk

böcek

chrobák

kurbağa

žaba

sincap

veverička

kirpi

jež

yabani tavşan

zajac

baykuş

sova

kuş

vták

kuğu

labuť

yaban domuzu

diviak

geyik

jeleň

geyik

los

baraj

hrádza

rüzgar türbini

veterná turbína

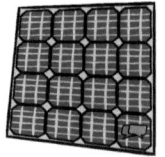

güneş paneli

solárny panel

iklim

podnebie

restoran
reštaurácia

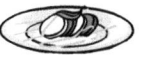

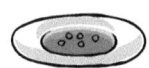

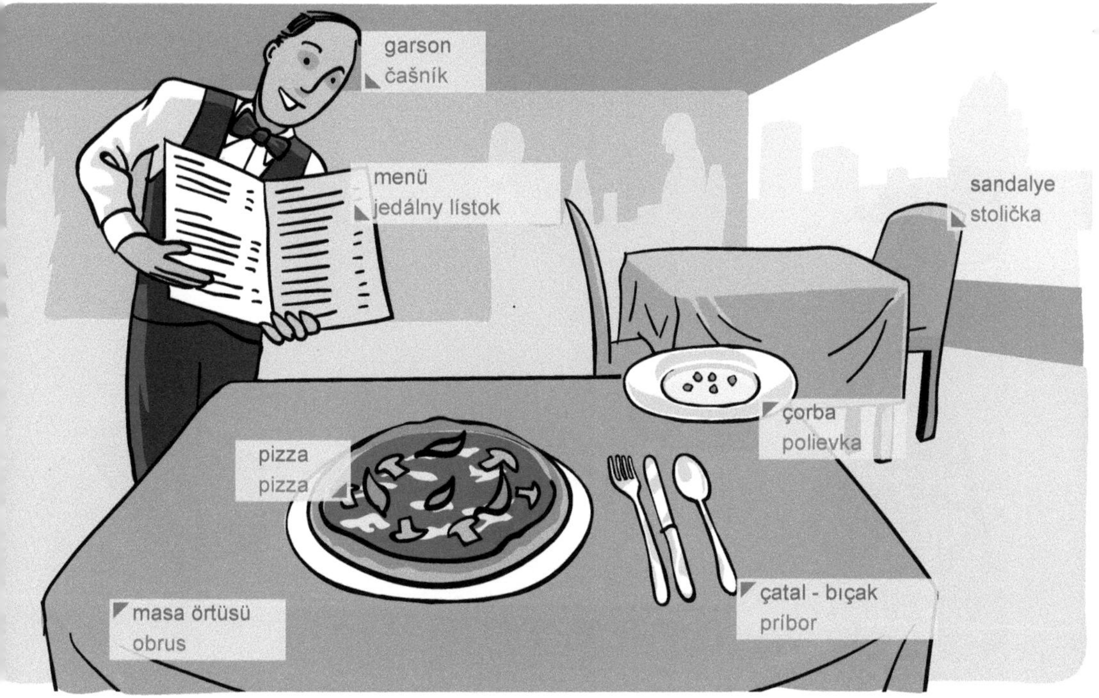

garson
čašník
menü
jedálny lístok
sandalye
stolička
çorba
polievka
pizza
pizza
çatal - bıçak
príbor
masa örtüsü
obrus

başlangıç

predjedlo

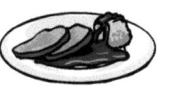

ana yemek

hlavné jedlo

tatlı

zákusok

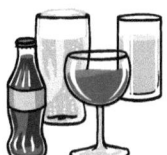

içecekler

nápoje

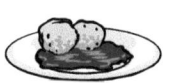

yemek

jedlo

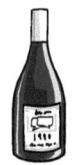

şişe

fľaša

fastfood

fast-food

sokak yemeği

street food

çaydanlık

kanvica na čaj

şekerlik

cukornička

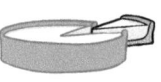

porsiyon

porcia

espresso makinesi

stroj na espresso

mama sandalyesi

detská stolička

fatura

účet

tepsi

podnos

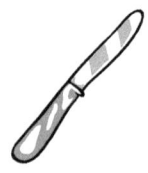

bıçak

nôž

çatal

vidlička

kaşık

lyžica

çay kaşığı

čajová lyžička

servis peçetesi

obrúsok

bardak

pohár

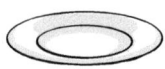

tabak
tanier

çorba kasesi
hlboký tanier

fincan altlığı
podšálka

sos
omáčka

tuzluk
soľnička

karabiber değirmeni
mlynček na korenie

sirke
ocot

yağ
olej

baharat
korenie

ketçap
kečup

hardal
horčica

mayonez
majonéza

süpermarket

supermarket

özel teklif
špeciálna ponuka
FOR
müşteri
klient
süt ürünleri
mliečne výrobky
meyve
ovocie
alışveriş arabası
nákupný vozík

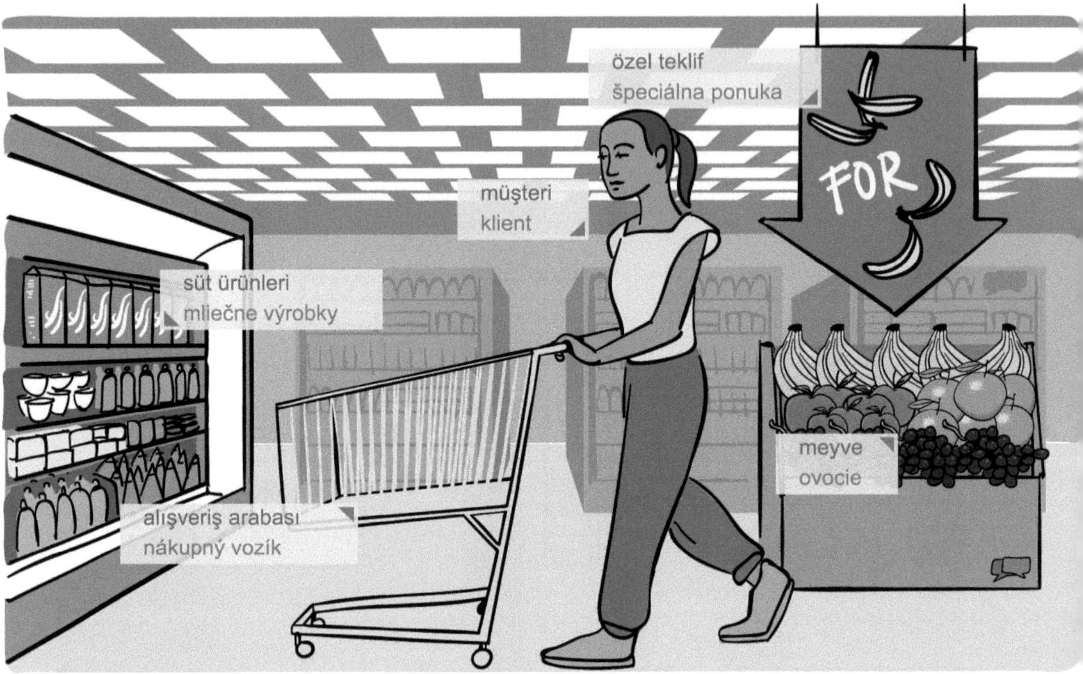

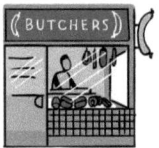

BUTCHERS

kasap

mäsiarstvo

BAKERY

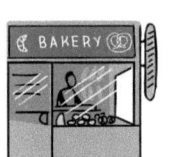

fırın

pekáreň

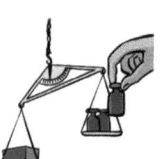

tartmak

vážiť

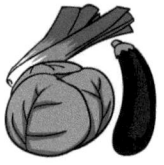

sebze

zelenina

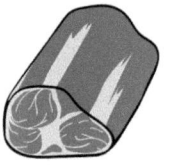

et

mäso

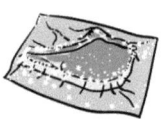

donmuş gıda

mrazené potraviny

söğüş et
nárez

konserve yiyecek
konzervy

toz deterjan
prací prostriedok

şekerlemeler
sladkosti

ev temizlik ürünleri
domáce potreby

temizlik ürünleri
čistiace prostriedky

satış görevlisi
predavačka

yazar kasa
pokladňa

kasiyer
pokladník

alışveriş listesi
nákupný zoznam

açılış saatleri
otváracie hodiny

cüzdan
peňaženka

kredi kartı
kreditná karta

çanta
taška

plastik poşet
plastové vrecko

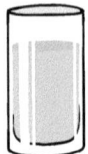

su
voda

meyve suyu
džús

süt
mlieko

kola
kola

şarap
víno

bira
pivo

alkol
alkohol

kakao
kakao

çay
čaj

kahve
káva

espresso
espresso

kapuçino
kapučíno

muz

banán

elma

jablko

portakal

pomaranč

kavun

melón

limon

citrón

havuç

mrkva

sarımsak

cesnak

bambu

bambus

soğan

cibuľa

mantar

hríb

çerez

orechy

makarna

rezance

spagetti

špagety

pirinç

ryža

salata

šalát

cips

hranolky

patates kızartması

pečené zemiaky

pizza

pizza

hamburger

hamburger

sandviç

obložený chlebík

şinitzel

rezeň

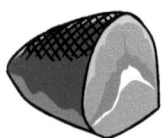

pastırma

šunka

salam

saláma

sosis

klobása

tavuk

kurča

rosto

pečené mäso

balık

ryba

yulaf ezmesi

ovsené vločky

müsli

müsli

mısır gevreği

kukuričné lupienky

un

múka

kruvasan

croissant

küçük ekmek

pečivo

ekmek

chlieb

tost

hrianka

bisküvi

sušienky

tereyağı

maslo

kaymak

tvaroh

kek

koláč

yumurta

vajce

sahanda yumurta

volské oko

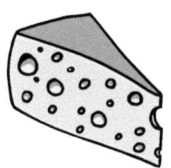

peynir

syr

dondurma

zmrzlina

şeker

cukor

bal

med

reçel

lekvár

fındık ezmesi

nugátová nátierka

köri

karí korenie

çiftlik
farma

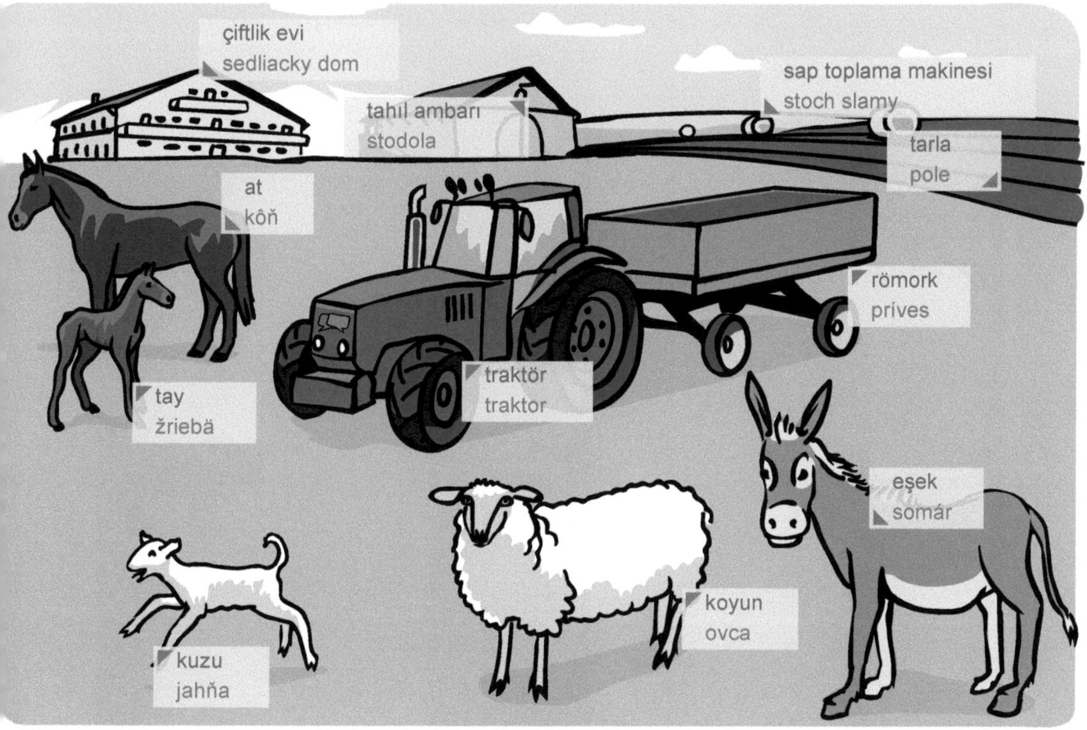

çiftlik evi
sedliacky dom
tahıl ambarı
stodola
sap toplama makinesi
stoch slamy
tarla
pole
at
kôň
römork
príves
traktör
traktor
tay
žriebä
eşek
somár
koyun
ovca
kuzu
jahňa

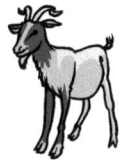

keçi

koza

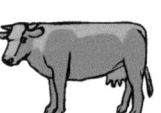

inek

krava

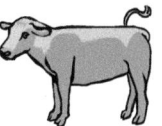

buzağı

teľa

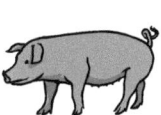

domuz

prasa

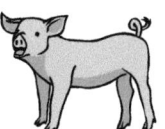

domuz yavrusu

prasiatko

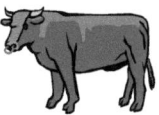

boğa

býk

kaz

hus

ördek

kačica

civciv

kuriatko

tavuk

sliepka

horoz

kohút

sıçan

potkan

kedi

mačka

fare

myš

öküz

vôl

köpek

pes

köpek kulübesi

psia búda

bahçe hortumu

záhradná hadica

sulama kabı

krhla

tırpan

kosa

pulluk

pluh

orak

kosák

çapa

motyka

dirgen

vidly na hnoj

balta

sekera

el arabası

fúrik

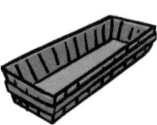

yemlik

koryto

süt kovası

kanva na mlieko

çuval

vrece

çit

plot

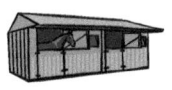

ahır

maštaľ

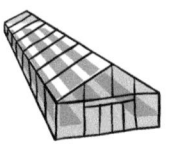

sera

skleník

toprak

pôda

tohum

osivo

gübre

hnojivo

biçerdöver

kombajn

hasat etmek

žať

harman

žatva

tatlı patates

batát

buğday

pšenica

soya

sója

patates

zemiak

mısır

kukurica

kolza

repka

meyve ağacı

ovocný strom

manyok

maniok

hububat

obilie

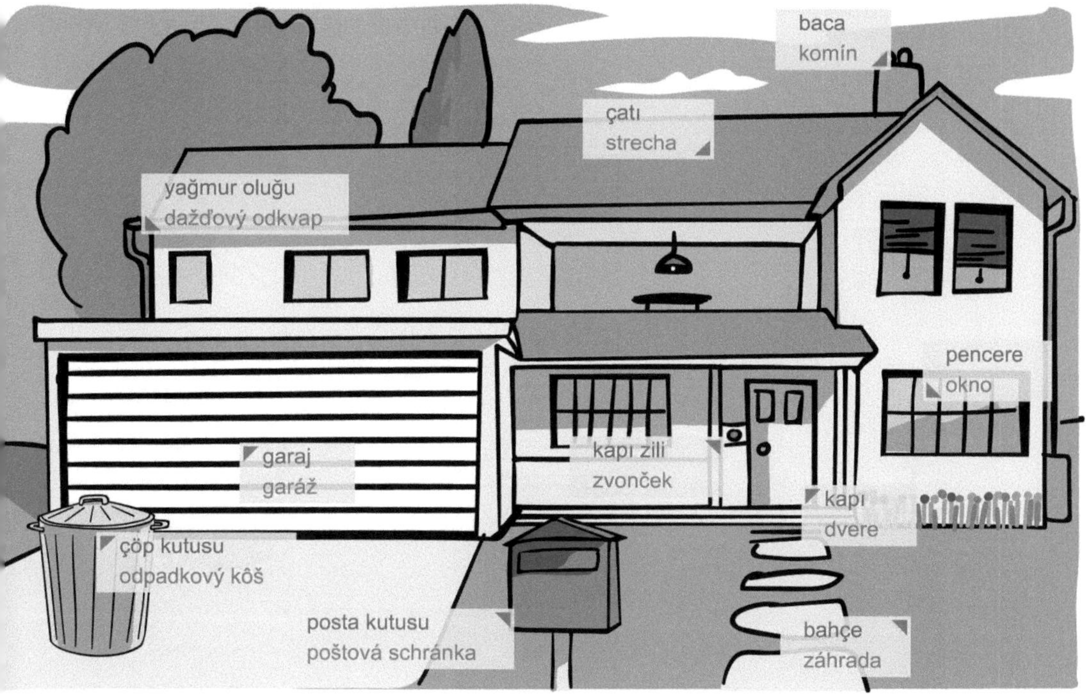

baca
komín

çatı
strecha

yağmur oluğu
dažďový odkvap

pencere
okno

garaj
garáž

kapı zili
zvonček

kapı
dvere

çöp kutusu
odpadkový kôš

posta kutusu
poštová schránka

bahçe
záhrada

oturma odası

obývačka

banyo

kúpeľňa

mutfak

kuchyňa

yatak odası

spálňa

çocuk odası

detská izba

yemek odası

jedáleň

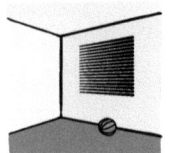

zemin

podlaha

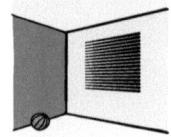

duvar

stena

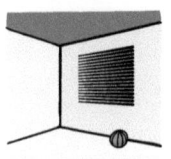

tavan

strop

kiler

pivnica

sauna

sauna

balkon

balkón

teras

terasa

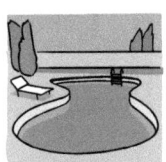

havuz

bazén

çim biçme makinesi

kosačka

çarşaf

obliečka

yatak örtüsü

posteľná prikrývka

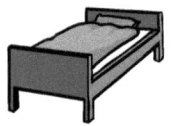

yatak

posteľ

süpürge

metla

kova

vedro

anahtar

vypínač

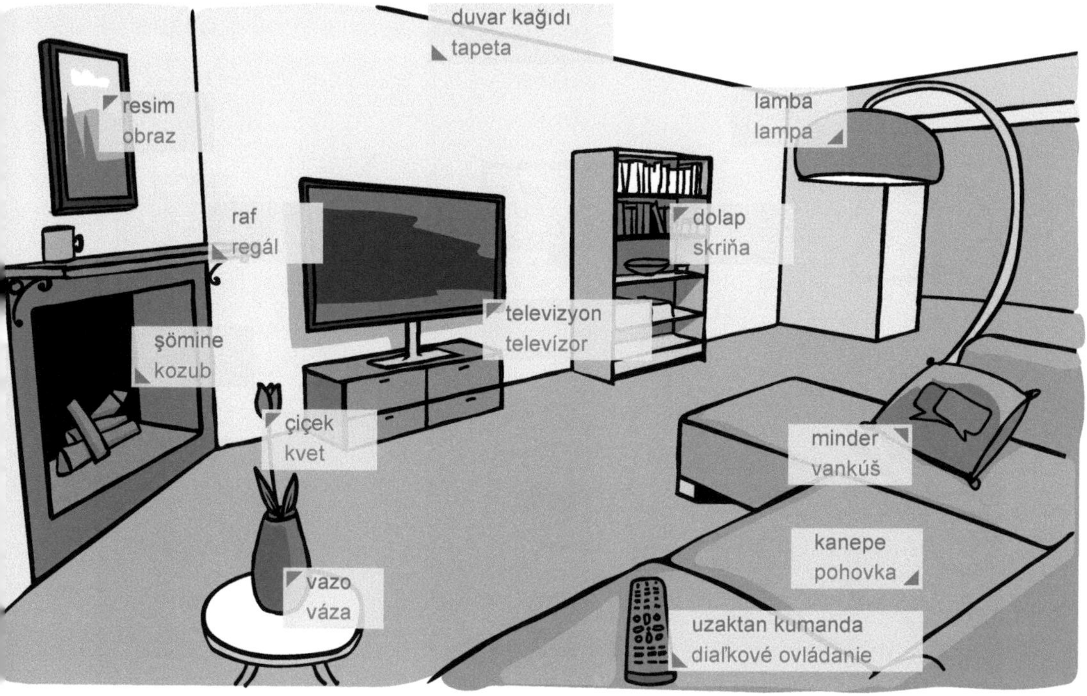

duvar kağıdı
tapeta

resim
obraz

lamba
lampa

raf
regál

dolap
skriňa

şömine
kozub

televizyon
televízor

çiçek
kvet

minder
vankúš

kanepe
pohovka

vazo
váza

uzaktan kumanda
diaľkové ovládanie

halı
koberec

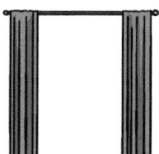

perde
záclona

masa
stôl

sandalye
stolička

salıncaklı koltuk
hojdacie kreslo

koltuk
kreslo

kitap
kniha

battaniye
prikrývka

dekor
dekorácia

odun
drevo na kúrenie

film
film

hi-fi
hi-fi veža

anahtar
kľúč

gazete
noviny

tablo
maľba

poster
plagát

radyo
rádio

defter
zápisník

elektrikli süpürge
vysávač

kaktüs
kaktus

mum
sviečka

oturma odası - obývačka

mutfak
kuchyňa

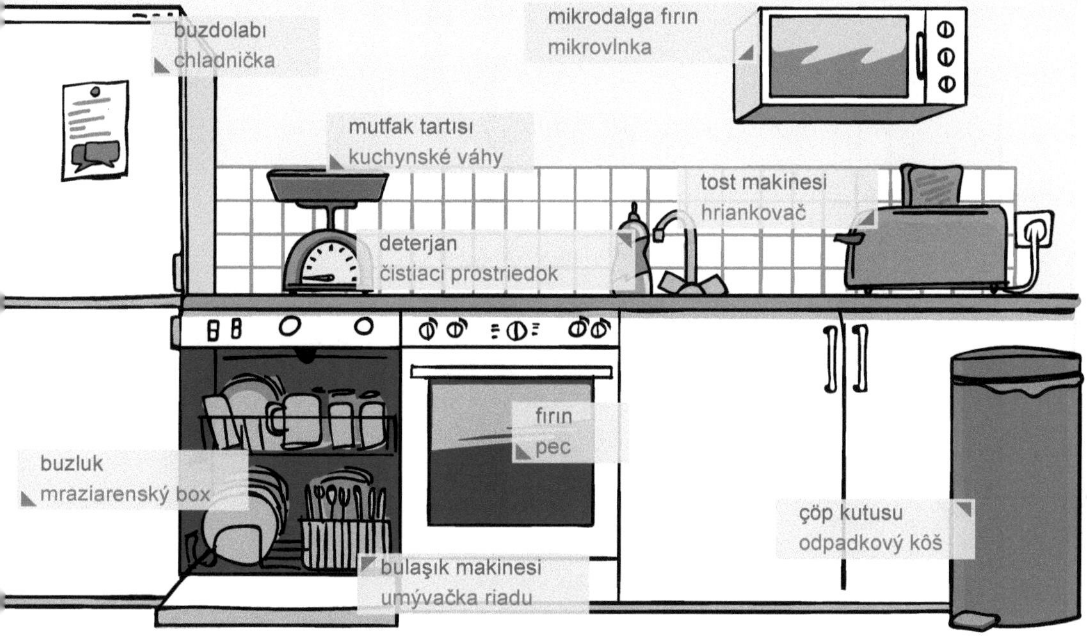

buzdolabı
chladnička
mikrodalga fırın
mikrovlnka
mutfak tartısı
kuchynské váhy
tost makinesi
hriankovač
deterjan
čistiaci prostriedok
fırın
pec
buzluk
mraziarenský box
çöp kutusu
odpadkový kôš
bulaşık makinesi
umývačka riadu

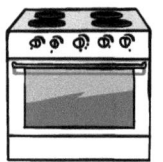

ocak

sporák

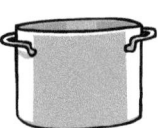

tencere

hrniec

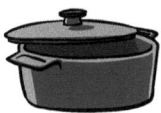

döküm tencere

železný hrniec

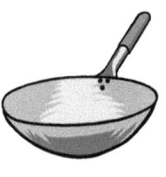

wok

wok / kadai

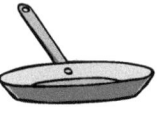

tava

panvica

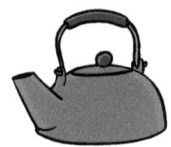

su ısıtıcı

rýchlovarná kanvica

buharlı pişirici

parný hrniec

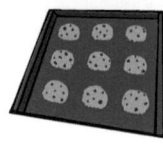

pişirme tepsisi

plech na pečenie

tabak takımı

riad

kupa

pohár

kase

misa

çubuk (çin yemeği)

paličky

kepçe

naberačka na polievku

spatula

stierka

çırpma teli

metlička

süzgeç

cedidlo

elek

sitko

rende

strúhadlo

havan

mažiar

barbekü

gril

açık ateş

ohnisko

kesme tahtası
doska na krájanie

merdane
valček na cesto

tirbüşon
vývrtka

konserve kutusu
konzerva

konserve açacağı
otvárač na konzervy

fırın eldiveni
chňapka

evye
výlevka

fırça
kefa

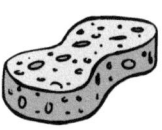

sünger
hubka

blender
mixér

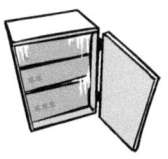

derin dondurucu
mraznička

biberon
kojenecká fľaša

musluk
vodovodný kohútik

banyo
kúpeľňa

ısıtma
kúrenie
havlu
uterák
duş
sprcha
duş perdesi
sprchový záves
köpük banyosu
pena do kúpeľa
küvet
vaňa
bardak
pohár
çamaşır makinesi
práčka
musluk
vodovodný kohútik
fayans
dlaždice
lazımlık
nočník
evye
výlevka

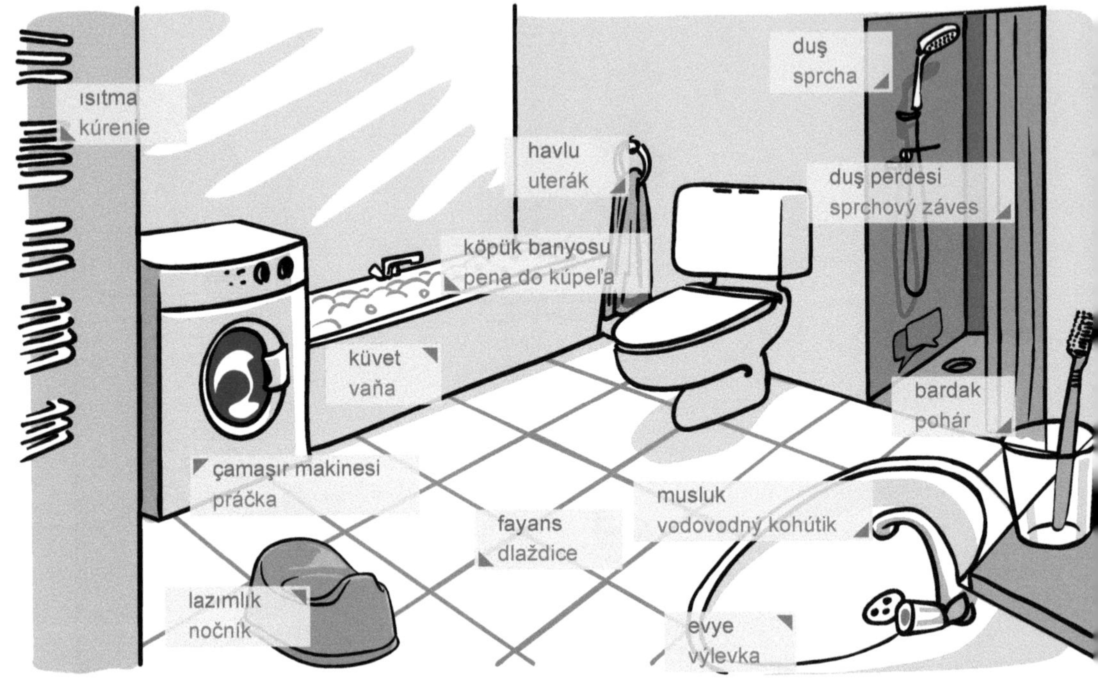

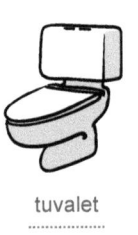

tuvalet
záchod

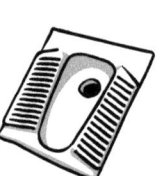

alaturka tuvalet
suchý záchod

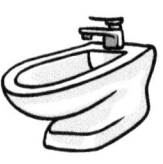

bide
bidet

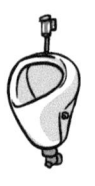

pisuvar
pisoár

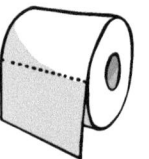

tuvalet kağıdı
toaletný papier

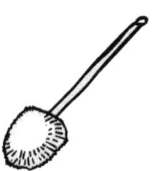

tuvalet fırçası
záchodová kefa

diş fırçası

zubná kefka

diş macunu

zubná pasta

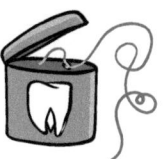

diş ipi

dentálna niť

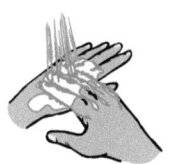

yıkamak

umývať

duş başlığı

ručná sprcha

duş başlığı şeklinde taharet musluğu

sprcha pre intímnu hygienu

küvet

umývadlo

banyo fırçası

kefa na chrbát

sabun

mydlo

duş jeli

sprchový gél

şampuan

šampón

banyo lifi

frotírová rukavica

gider

odtok

krem

krém

deodorant

dezodorant

ayna

zrkadlo

el aynası

kozmetické zrkadlo

jilet

žiletka

tıraş köpüğü

pena na holenie

tıraş losyonu

voda po holení

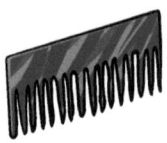

tarak

hrebeň

fırça

kefa

saç kurutma makinesi

sušič vlasov

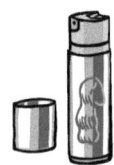

saç spreyi

sprej na vlasy

makyaj

make-up

ruj

rúž

tırnak cilası

lak na nechty

pamuk

vata

tırnak makası

nožnice na nechty

parfüm

parfum

makyaj çantası

kozmetická taška

tabure

stolček

tartı

váha

bornoz

kúpací plášť

lastik eldiven

gumové rukavice

tampon

tampón

kadın pedi

menštruačná vložka

kimyevi tuvalet

chemické WC

çocuk odası

detská izba

çalar saat
budík
peluş oyuncak
plyšová hračka
oyuncak araba
hračkárske auto
çıngırak
hrkálka
bebek evi
domček pre bábiky
hediye
dar

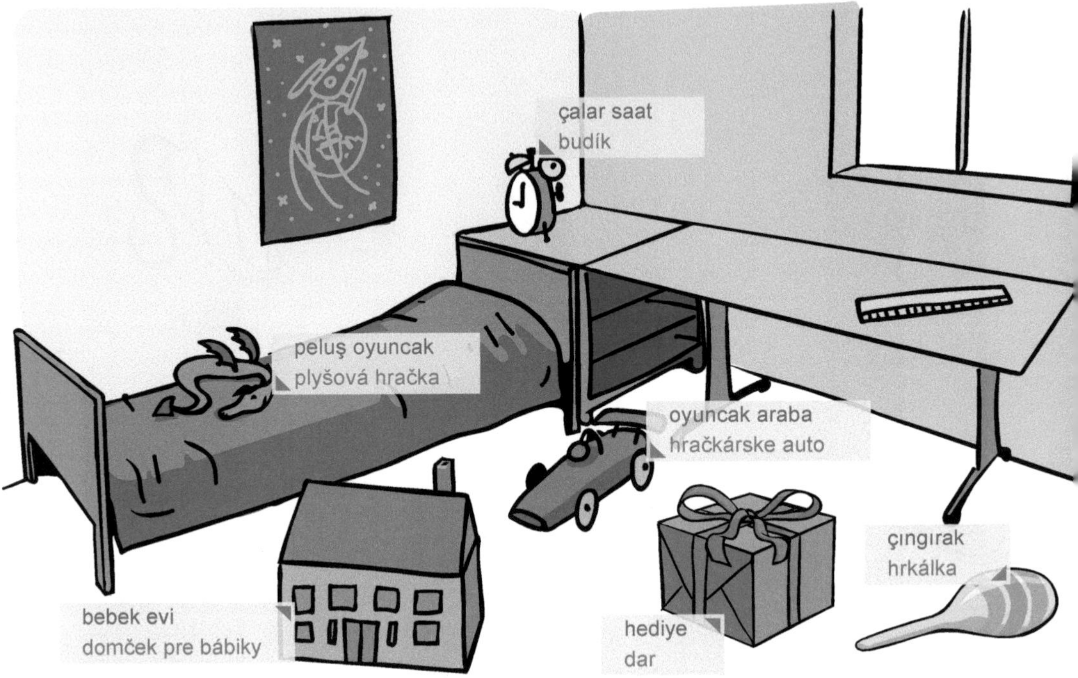

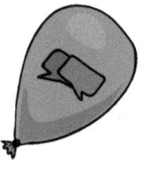

balon

balón

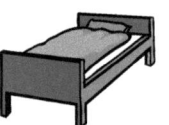

yatak

posteľ

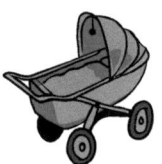

bebek arabası

detský kočík

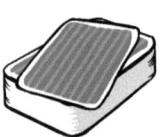

kart destesi

karty

yapboz

puzzle

SUPER
MEGA

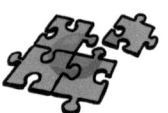

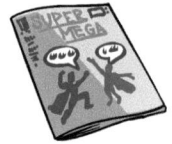

çizgi roman

komix

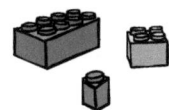

lego tuğlaları

skladačka lego

lego blokları

stavebnica

aksiyon figürü

akčná postavička

zıbın

dupačky

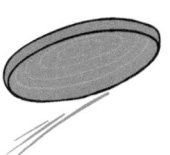

frizbi

lietajúci tanier

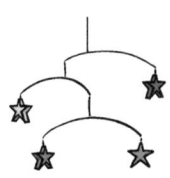

dönence

závesné hračky

masa oyunu

stolová hra

zar

kocka

model tren seti

modelový vláčik

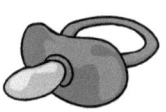

emzik

cumlík

parti

párty

resimli kitap

obrázková kniha

top

lopta

oyuncak bebek

bábika

oynamak

hrať sa

kum havuzu

pieskovisko

salıncak

hojdačka

oyuncaklar

hračky

video oyun konsolu

hracia konzola

üç tekerlekli bisiklet

trojkolka

oyuncak ayı

medvedík

gardırop

šatník

kıyafet
šatstvo

çorap

ponožky

külotlu çorap

pančuchy

tayt

pančuchové nohavičky

eşarp
šál

kemer
opasok

şemsiye
dáždnik

tişört
tričko

spor ayakkabı
tenisky

bot
čižmy

terlik
papuče

sandalet
sandále

ayakkabı
topánky

lastik çizme
gumáky

külot
spodky

sütyen
podprsenka

yelek
tielko

kıyafet - šatstvo

dar bluz

body

pantolon

nohavice

kot pantolon

džínsy

etek

sukňa

bluz

blúzka

gömlek

košeľa

kazak

pulóver

süveter

sveter

blazer

blejzer

ceket

bunda

mont

kabát

yağmurluk

pršiplášť

kostüm

kostým

elbise

šaty

gelinlik

svadobné šaty

takım elbise

oblek

gecelik

nočná košeľa

pijama

pyžamo

sari

sari

baş örtüsü

šatka na hlavu

türban

turban

burka

burka

kaftan

kaftan

çarşaf

abaja

mayo

dvojdielne plavky

erkek mayosu

plavky

şort

šortky

eşofman

tepláková súprava

önlük

zástera

eldiven

rukavice

kıyafet - šatstvo

düğme

gombík

gözlük

okuliare

bilezik

náramok

kolye

retiazka

yüzük

prsteň

küpe

náušnica

kep

čiapka

portmanto

vešiak

şapka

klobúk

kravat

kravata

fermuar

zips

kask

prilba

pantolon askısı

traky

okul forması

školská uniforma

üniforma

uniforma

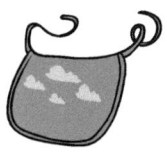

mama önlüğü

podbradník

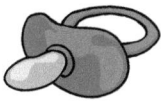

emzik

cumlík

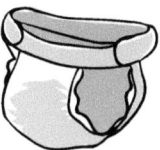

bebek bezi

plienka

ofis

kancelária

sunucu
server
dosya dolabı
skriňa na spisy
kağıt
papier
yazıcı
tlačiareň
monitör
monitor
fare
myš
masa
písací stôl
klasör
zakladač
klavye
klávesnica
kağıt çöp kutusu
kôš na papier
bilgisayar
počítač
sandalye
stolička

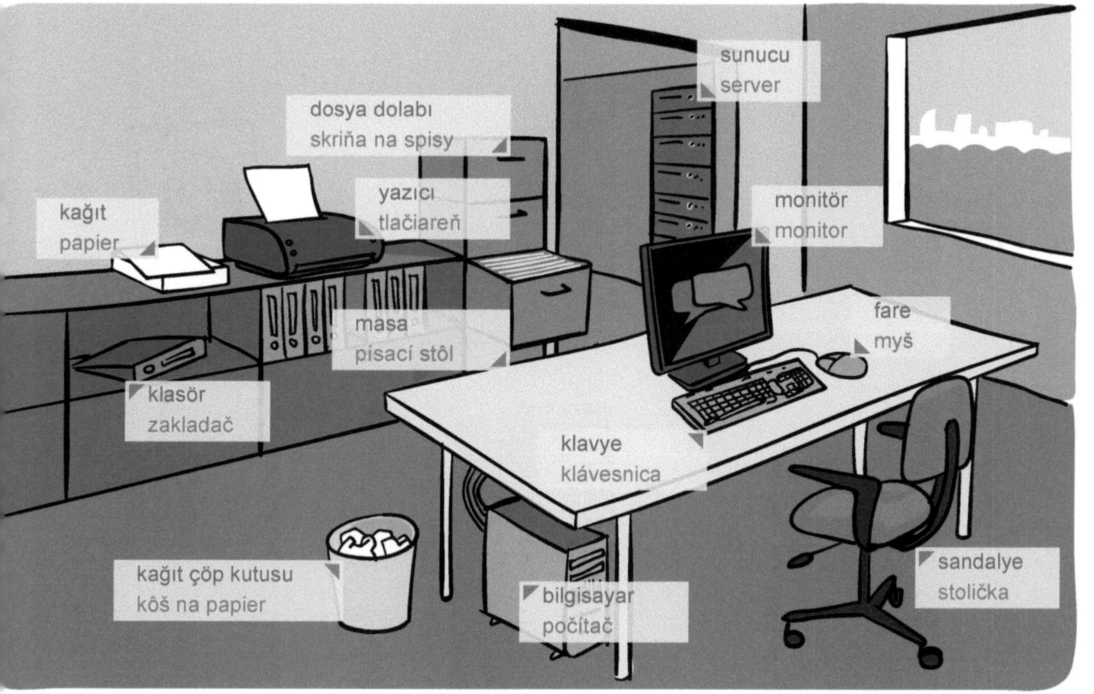

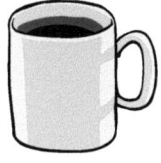

kahve fincanı

hrnček na kávu

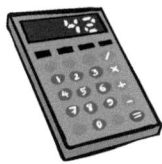

hesap makinesi

kalkulačka

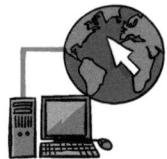

internet

internet

dizüstü

laptop

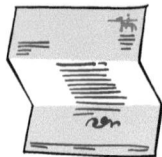

mektup

list

mesaj

správa

cep telefonu

mobil

ağ

sieť

fotokopi makinesi

kopírka

yazılım

softvér

telefon

telefón

priz

elektrická zásuvka

faks makinesi

fax

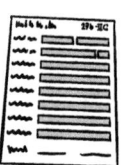

form

formulár

belge

doklad

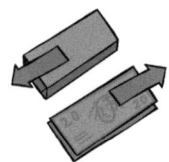

satın almak

kúpiť

ödemek

platiť

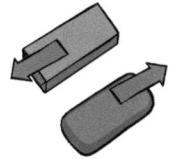

ticaret yapmak

obchodovať

para

peniaze

dolar

dolár

avro

euro

yen

jen

ruble

rubeľ

İsviçre frangı

švajčiarsky frank

Çin yuanı

čínsky jüan

rupi

rupia

kasa

bankomat

döviz bürosu

zmenáreň

altın

zlato

gümüş

striebro

petrol

ropa

enerji

energia

fiyat

cena

kontrat

zmluva

vergi

daň

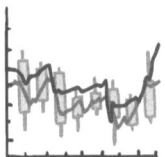

menkul değer

akcia

çalışmak

pracovať

işveren

zamestnanec

işçi

zamestnávateľ

fabrika

továreň

mağaza

obchod

meslekler
povolania

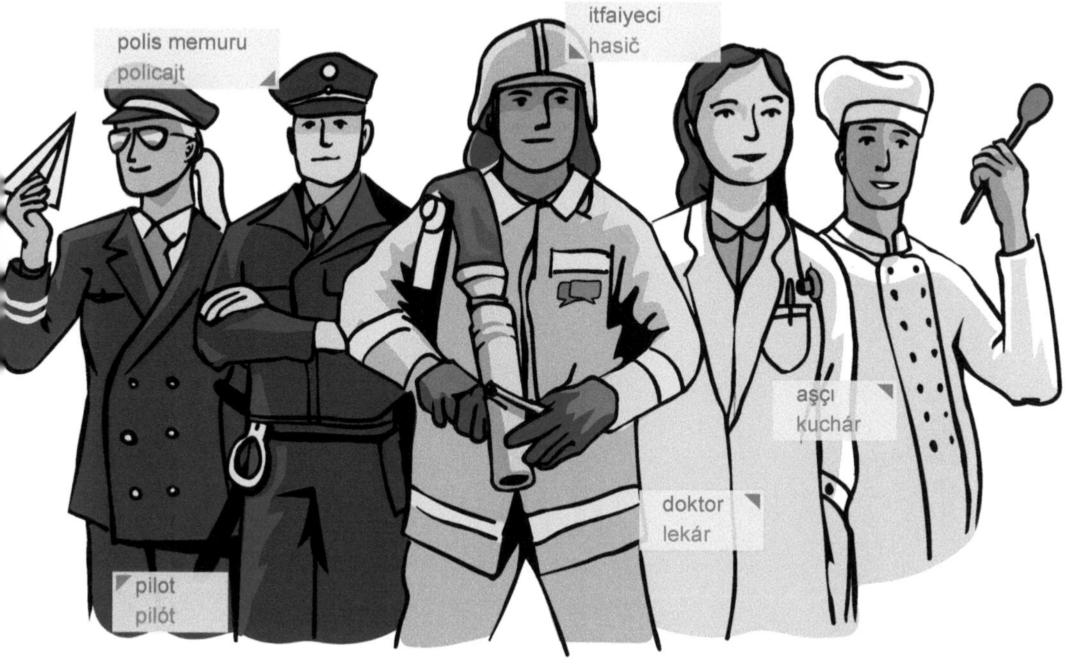
polis memuru
policajt
itfaiyeci
hasič
aşçı
kuchár
doktor
lekár
pilot
pilót

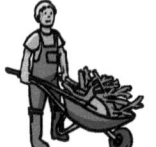

bahçıvan

záhradník

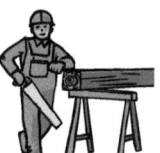

marangoz

stolár

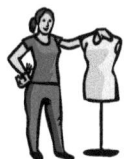

terzi

krajčírka

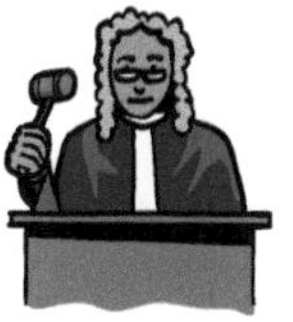

hakim

sudca

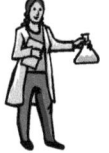

kimyager

chemik

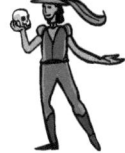

aktör

herec

otobüs şoförü

vodič autobusu

taksi şoförü

taxikár

balıkçı

rybár

temizlikçi

upratovačka

çatı ustası

pokrývač

garson

čašník

avcı

poľovník

boyacı

maliar

fırıncı

pekár

elektrikçi

elektrikár

inşaatçı

stavebný robotník

mühendis

inžinier

kasap

mäsiar

muslukçu

klampiar

postacı

poštár

asker

vojak

mimar

architekt

kasiyer

pokladník

çiçekçi

kvetinár

kuaför

kaderník

kondüktör

sprievodca

tamirci

mechanik

kaptan

kapitán

dişçi

zubár

bilim insanı

vedec

haham

rabín

imam

imám

keşiş

mních

rahip

farár

aletler
náradie

penseler
kliešte
çekiç
kladivo
tornavida
skrutkovač
el feneri
baterka
İngiliz anahtarı
kľúč na skrutky

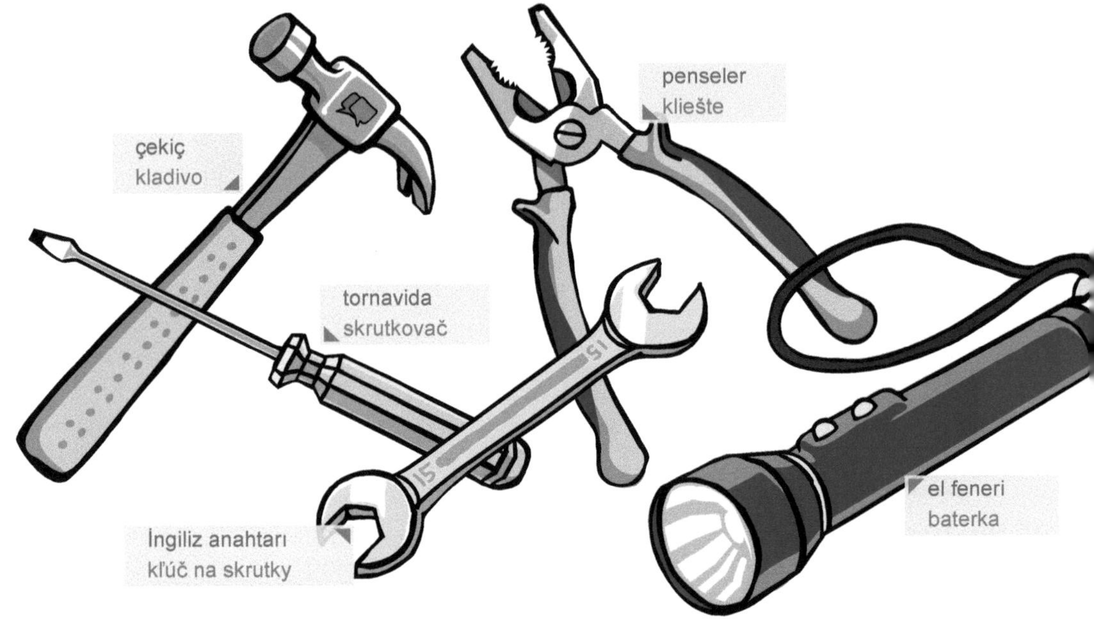

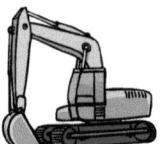

kazı makinesi

bager

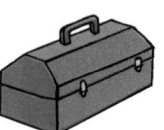

alet çantası

súprava náradia

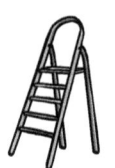

merdiven

rebrík

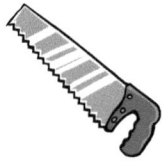

testere

pílka

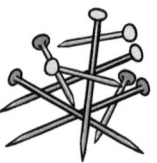

çiviler

klince

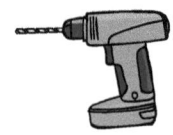

matkap

vrták

tamir etmek
....
opraviť

kürek
....
lopata

Kahretsin!
....
Do čerta!

faraş
....
lopatka na smeti

boya tenekesi
....
nádoba s farbou

vidalar
....
skrutky

müzik enstrümanı
hudobné nástroje

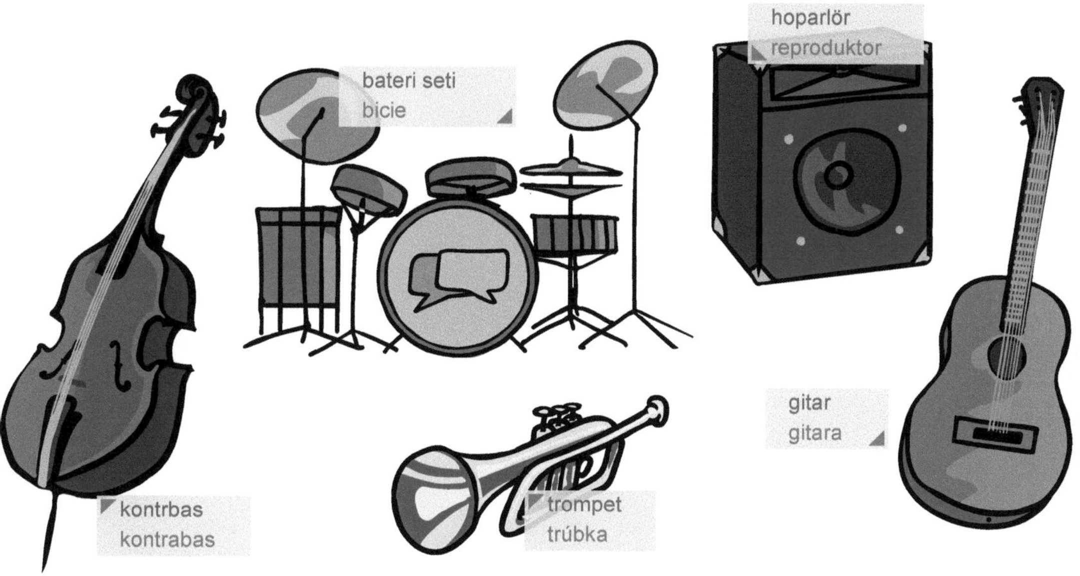

bateri seti
bicie

hoparlör
reprodüktor

gitar
gitara

kontrbas
kontrabas

trompet
trúbka

piyano

klavír

keman

husle

basgitar

basa

timpani

tympany

bateri

bubon

klavye

klávesnica

saksafon

saxofón

flüt

flauta

mikrofon

mikrofón

hayvanat bahçesi
ZOO

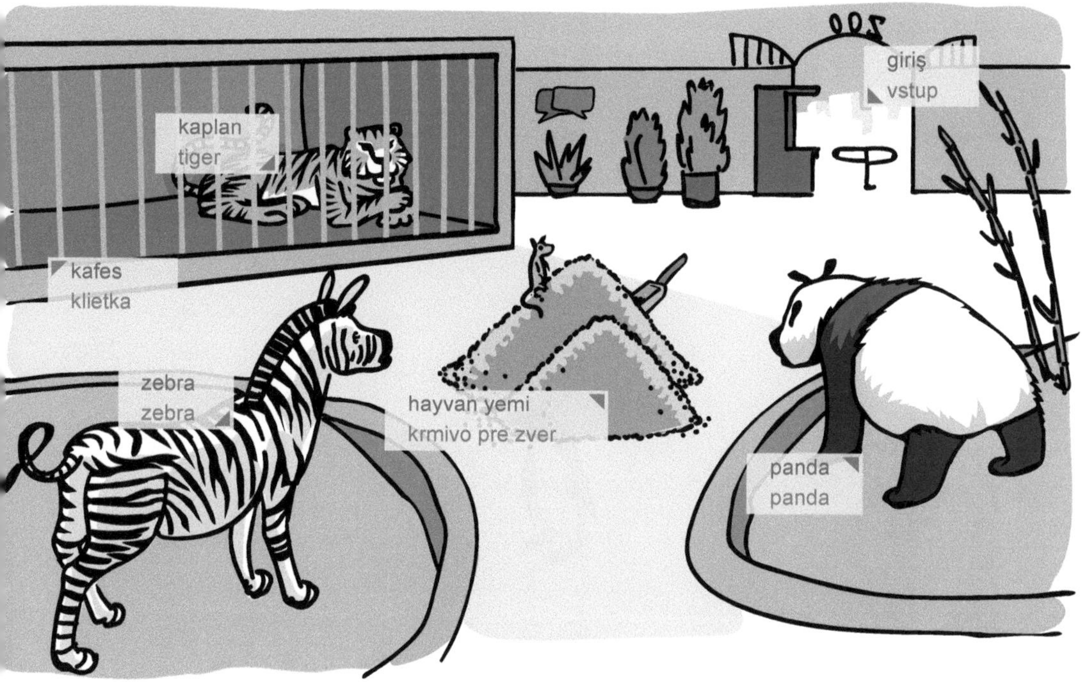

kaplan
tiger
giriş
vstup
kafes
klietka
zebra
zebra
hayvan yemi
krmivo pre zver
panda
panda

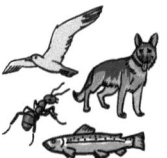

hayvanlar
zvieratá

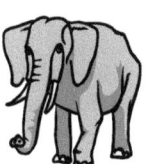

fil
slon

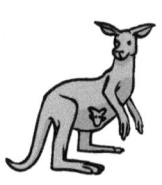

kanguru
klokan

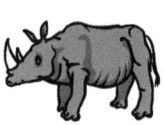

gergedan
nosorožec

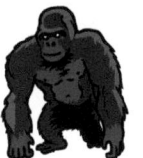

goril
gorila

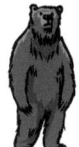

ayı
medveď

deve

ťava

deve kuşu

pštros

aslan

lev

maymun

opica

flamingo

plameniak

papağan

papagáj

kutup ayısı

ľadový medveď

penguen

tučniak

köpek balığı

žralok

tavus kuşu

páv

yılan

had

timsah

krokodíl

hayvanat bahçesi görevlisi

ošetrovateľ v ZOO

fok

tuleň

jaguar

jaguár

midilli atı

poník

leopar

leopard

su aygırı

hroch

zürafa

žirafa

kartal

orol

yaban domuzu

diviak

balık

ryba

kaplumbağa

korytnačka

mors

mrož

tilki

líška

ceylan

gazela

amerikan futbolu
americký futbal

bisiklete binme
cyklistika

tenis
tenis

basketbol
basketbal

yüzme
plávanie

boks
box

buz hokeyi
hokej

| futbol | badminton | atletizm |
| futbal | bedminton | ľahká atletika |

| hentbol | kayak | polo |
| hádzaná | lyžovanie | pólo |

etkinlikler

aktivity

gülmek
smiať sa
atlamak
skočiť
sarılmak
objať
yürümek
chodiť
söylemek
spievať
hayal etmek
snívať
dua etmek
modliť sa
öpmek
pobozkať

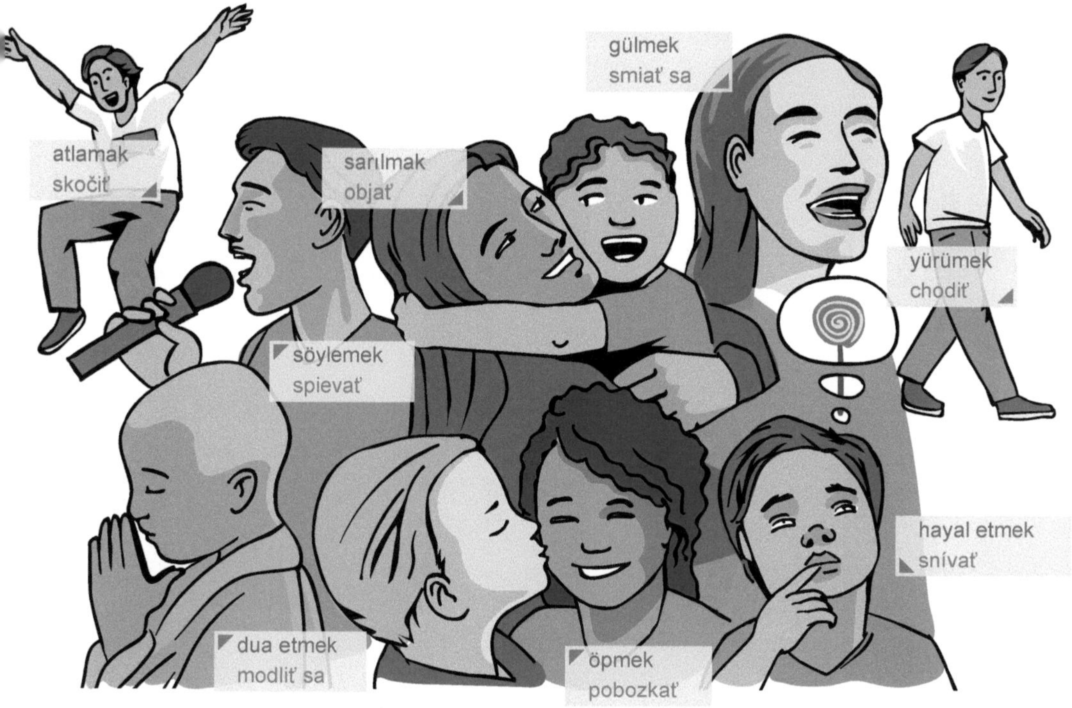

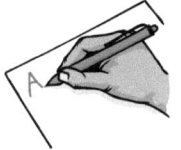

yazmak

písať

çizmek

kresliť

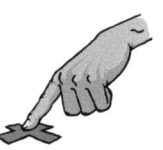

göstermek

ukázať

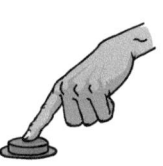

itmek

tlačiť

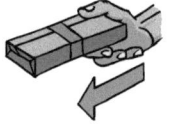

vermek

dať

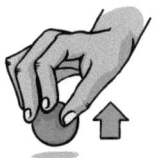

almak

brať

sahip olmak

mať

yapmak

robiť

olmak

byť

ayakta durmak

stáť

koşmak

bežať

çekmek

ťahať

atmak

hádzať

düşmek

padnúť

yalan söylemek

ležať

beklemek

čakať

taşımak

nosiť

oturmak

sedieť

giyinmek

obliecť sa

uyumak

spať

uyanmak

zobudiť sa

bakmak

pozerať

ağlamak

plakať

vurmak

hladkať

taramak

česať

konuşmak

hovoriť

anlamak

rozumieť

sormak

pýtať sa

dinlemek

počuť

içmek

piť

yemek

jesť

düzenlemek

upratať

sevmek

milovať

pişirmek

variť

sürmek

jazdiť

uçmak

letieť

denize açılmak

plachtiť

hesapla

počítať

okumak

čítať

öğrenmek

učiť sa

çalışmak

pracovať

evlenmek

oženiť

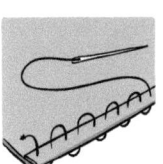

dikmek

šiť

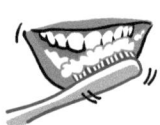

diş fırçalamak

čistiť zuby

öldürmek

zabiť

sigara içmek

fajčiť

yollamak

poslať

aile
rodina

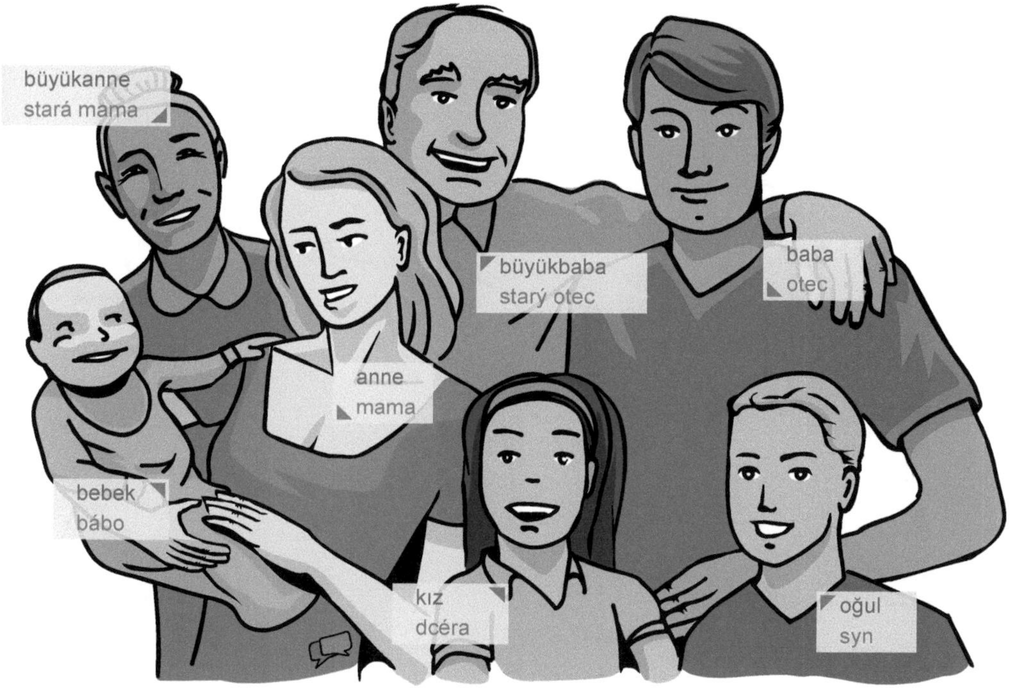
büyükanne
stará mama
büyükbaba
starý otec
baba
otec
anne
mama
bebek
bábo
kız
dcéra
oğul
syn

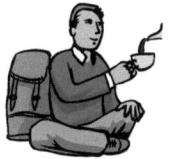

misafir

hosť

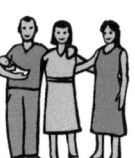

teyze

teta

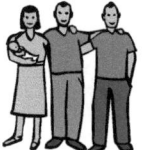

amca

strýko

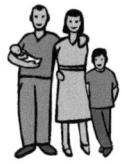

erkek kardeş

brat

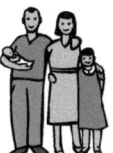

kız kardeş

sestra

vücut
telo

alın
čelo
göz
oko
yüz
tvár
çene
brada
göğüs
hruď
parmak
prst
el
ruka
kol
rameno
omuz
plece
bacak
noha

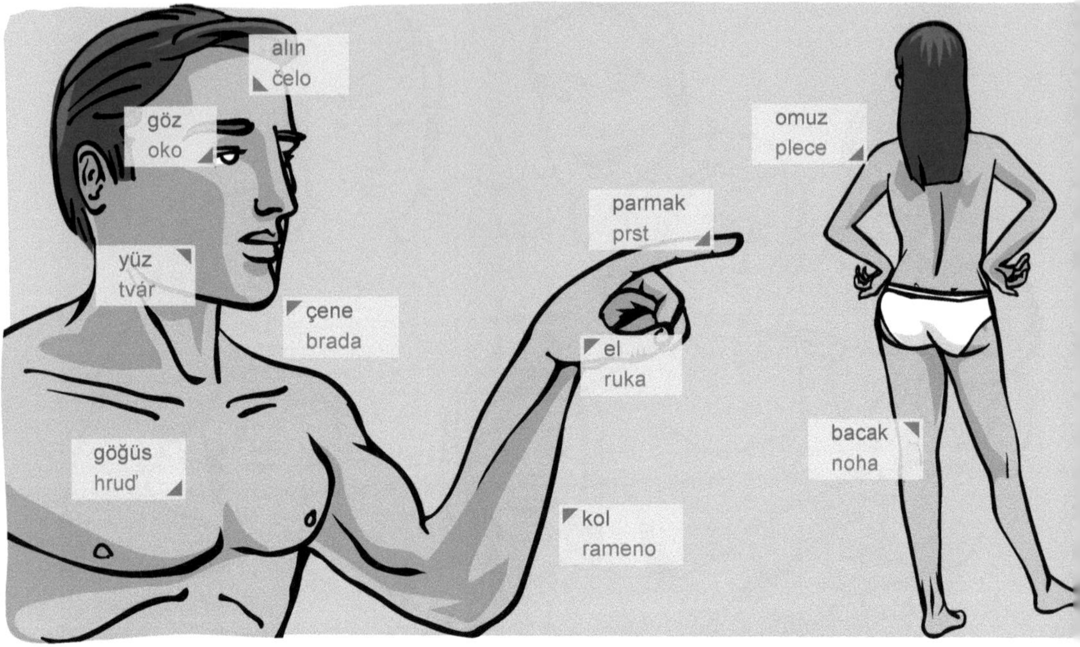

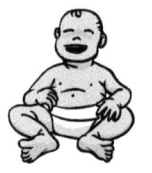

bebek

bábo

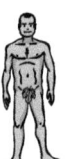

adam

muž

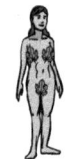

kadın

žena

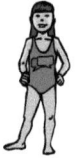

kız

dievča

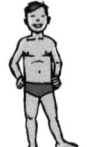

erkek çocuk

chlapec

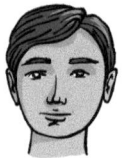

baş

hlava

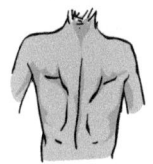

sırt

chrbát

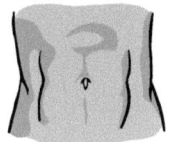

karın

brucho

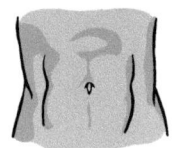

göbek

pupok

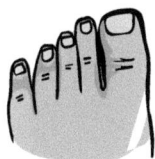

ayak parmağı

prst na nohe

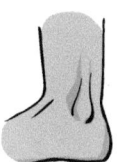

topuk

päta

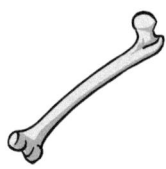

kemik

kosť

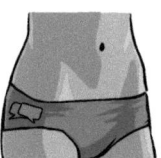

kalça

bok

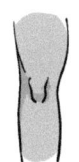

diz

koleno

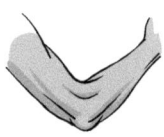

dirsek

lakeť

burun

nos

kalça

zadok

deri

koža

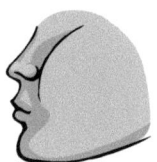

yanak

líce

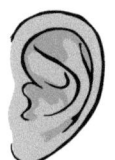

kulak

ucho

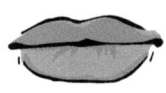

dudak

pery

ağız

ústa

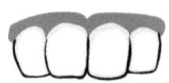

diş

zub

dil

jazyk

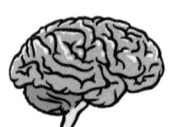

beyin

mozog

kalp

srdce

kas

svaly

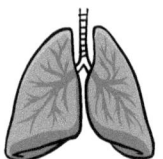

akciğer

pľúca

karaciğer

pečeň

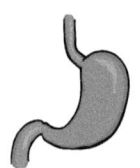

mide

žalúdok

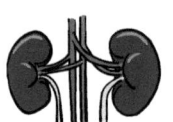

böbrekler

obličky

seks

pohlavný styk

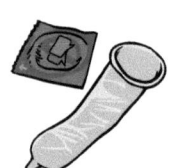

prezervatif

kondóm

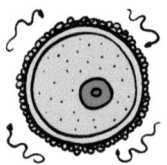

yumurtalık

vaječná bunka

sperm

semeno

hamilelik

tehotenstvo

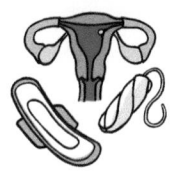

regl

menštruácia

vajina

vagína

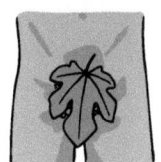

penis

penis

kaş

obočie

saç

vlasy

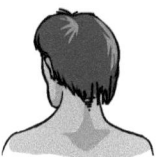

boyun

krk

vücut - telo

hastane
nemocnica

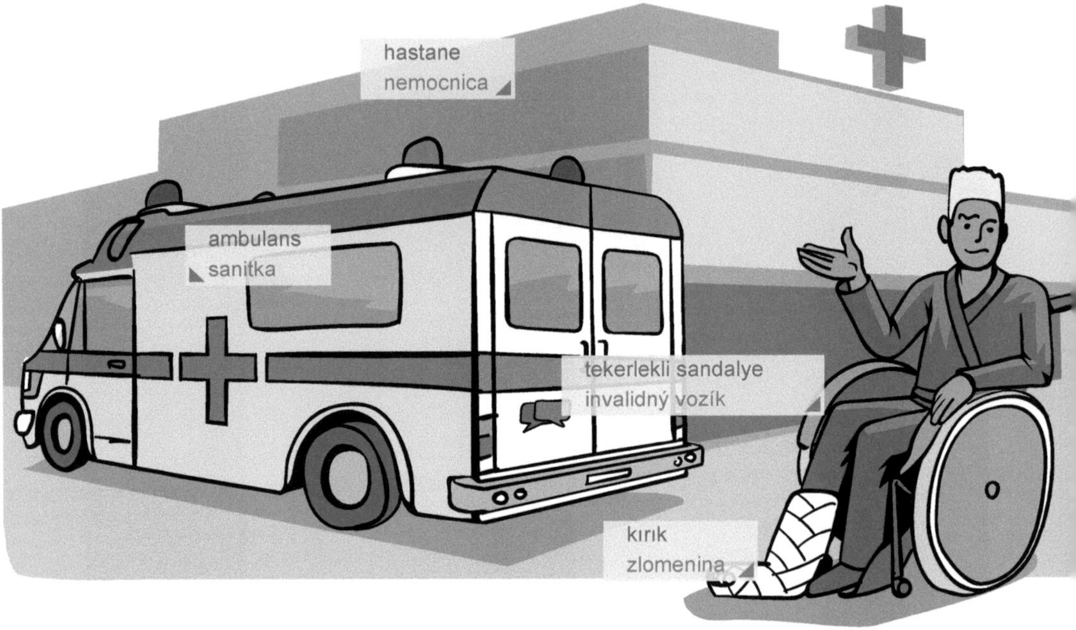

hastane
nemocnica
ambulans
sanitka
tekerlekli sandalye
invalidný vozík
kırık
zlomenina

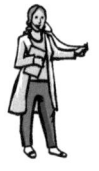

doktor

lekár

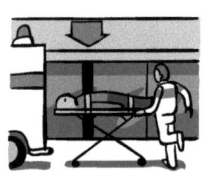

acil servis

urgentný príjem

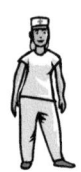

hemşire

sestrička

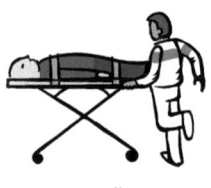

acil

urgentný prípad

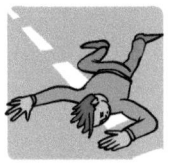

baygın

v bezvedomí

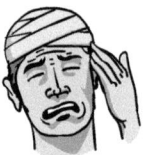

acı

bolesť

yaralanma

zranenie

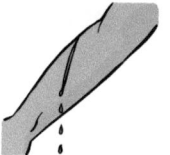

kanama

krvácanie

kalp krizi

srdcový infarkt

felç

mozgová porážka

alerji

alergia

öksürük

kašeľ

ateş

teplota

grip

chrípka

ishal

hnačka

baş ağrısı

bolesť hlavy

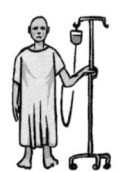

kanser

rakovina

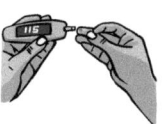

şeker hastalığı

cukrovka

cerrah

chirurg

neşter

skalpel

operasyon

operácia

bilgisayarlı tomografi

CT

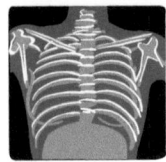

röntgen

RTG

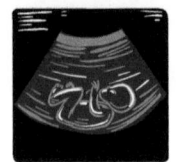

ultrason

ultrazvuk

yüz maskesi

maska

hastalık

choroba

bekleme odası

čakáreň

koltuk değneği

barla

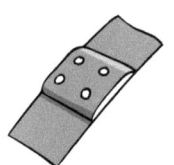

yara bandı

náplasť

bandaj

obväz

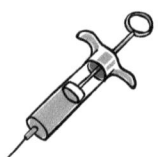

enjeksiyon

injekcia

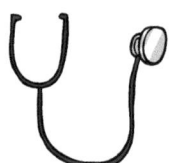

steteskop

fonendoskop

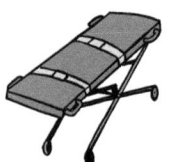

sedye

nosidlá

tıbbi termometre

teplomer

doğum

pôrod

fazla kilo

nadváha

işitme cihazı

audiofón

dezenfektan

dezinfekčný prostriedok

enfeksiyon

infekcia

virüs

vírus

HIV / AIDS

HIV / AIDS

ilaç

medicína

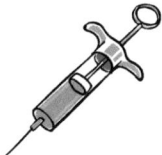

aşı

očkovanie

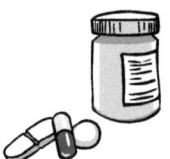

tablet

tabletky

hap

antikoncepčná pilulka

acil çağrı

tiesňové volanie

tansiyon aleti

tlakomer

hasta / sağlıklı

chorý / zdravý

İmdat!
Pomoc!

alarm
alarm

darp
prepad

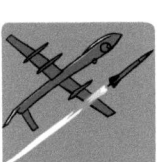

saldırı
útok

tehlike
nebezpečenstvo

acil çıkış
núdzový východ

Yangın!
Horí!

yangın tüpü
hasičský prístroj

kaza
nehoda

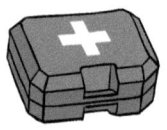

ilk yardım çantası
kufrík prvej pomoci

imdat
SOS

polis
polícia

Avrupa

Európa

Kuzey Amerika

Severná Amerika

Güney amerika

Južná Amerika

Afrika

Afrika

Asya

Ázia

Avustralya

Austrália

Atlantik

Atlantický oceán

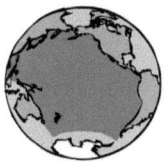

Pasifik

Tichý oceán

Hint Okyanusu

Indický oceán

Antarktika Okyanusu

Južný oceán

Arktik Okyanusu

Severný ľadový oceán

Kuzey Kutbu

Severný pól

Güney Kutbu

Južný pól

Antarktika

Antarktída

dünya

Zem

kara

krajina

deniz

more

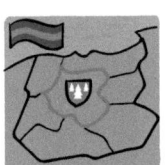

ada

ostrov

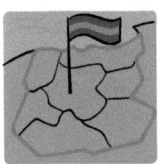

ulus

národ

ülke

štát

kadran

ciferník

akrep

hodinová ručička

yelkovan

minútová ručička

saniye ibresi

sekundová ručička

Saat kaç?

Koľko je hodín?

gün

deň

zaman

čas

şimdi

teraz

dijital saat

digitálne hodiny

dakika

minúta

saat

hodina

hafta

týždeň

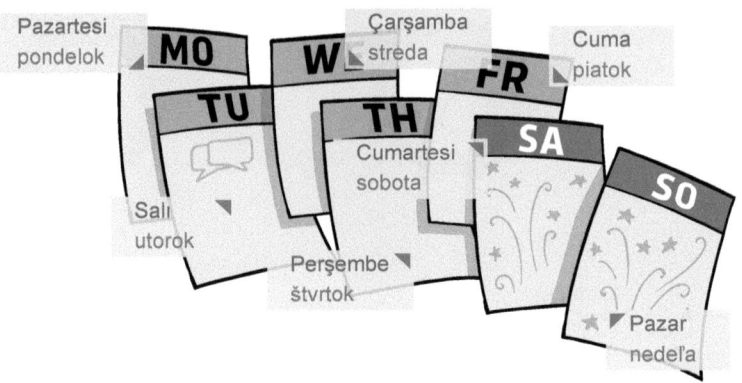

Pazartesi
pondelok

Çarşamba
streda

Cuma
piatok

MO

TU

W

TH

FR

SA

SO

Salı
utorok

Cumartesi
sobota

Perşembe
štvrtok

Pazar
nedeľa

dün
....
včera

bugün
....
dnes

yarın
....
zajtra

sabah
....
ráno

öğle
....
poludnie

akşam
....
večer

MO	TU	WE	TH	FR	SA	SU
1	2	3	4	5	6	7
8	9	10	11	12	13	14
15	16	17	18	19	20	21
22	23	24	25	26	27	28
29	30	31	1	2	3	4

iş günleri
....
pracovné dni

MO	TU	WE	TH	FR	SA	SU
1	2	3	4	5	6	7
8	9	10	11	12	13	14
15	16	17	18	19	20	21
22	23	24	25	26	27	28
29	30	31	1	2	3	4

hafta sonu
....
víkend

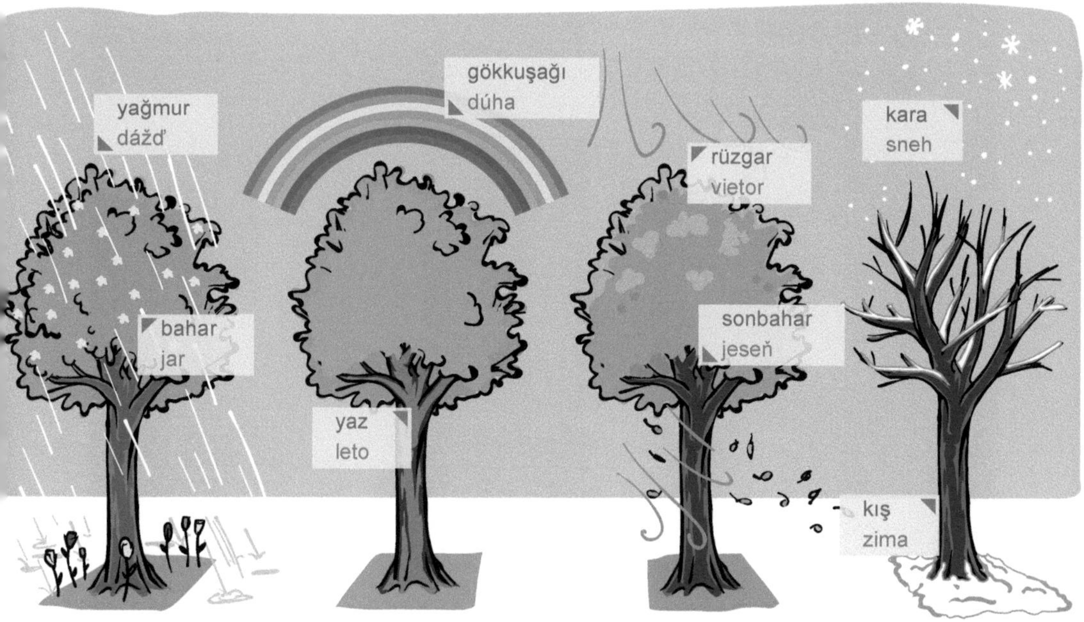

yağmur
dážď
gökkuşağı
dúha
rüzgar
vietor
kara
sneh
bahar
jar
yaz
leto
sonbahar
jeseň
kış
zima

4.APRIL 11°
5.APRIL 4°
6.APRIL 13°
7.APRIL 8°
8.APRIL 10°

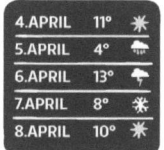

hava durumu tahmini
predpoveď počasia

F C
120 90 60 30 0 -30
40 30 20 10 0 -10 -20

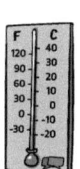

termometre
teplomer

güneş ışığı
slnečný svit

bulut
oblak

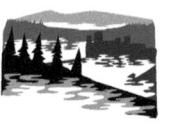

sis
hmla

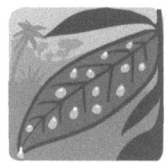

nem
vlhkosť vzduchu

şimşek
blesk

gök gürültüsü
hrom

fırtına
búrka

dolu
krúpy

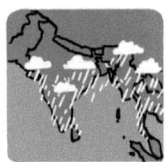

muson
monzún

sel
záplava

buz
ľad

Ocak
január

Şubat
február

Mart
marec

Nisan
apríl

Mayıs
máj

Haziran
jún

Temmuz
júl

Ağustos
august

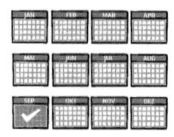

Eylül
....
september

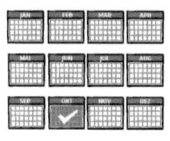

Ekim
....
október

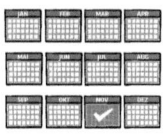

Kasım
....
november

Aralık
....
december

şekiller
tvary

daire
....
kruh

kare
....
štvorec

dikdörtgen
....
obdĺžnik

üçgen
....
trojuholník

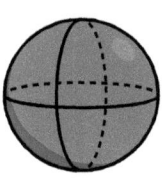

küre
....
guľa

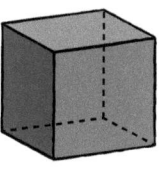

küp
....
kocka

beyaz

biela

sarı

žltá

turuncu

oranžová

pembe

ružová

kırmızı

červená

mor

fialová

mavi

modrá

yeşil

zelená

kahverengi

hnedá

gri

šedá

siyah

čierna

çok / az
veľa / málo

kızgın / sakin
zúrivý / pokojný

güzel / çirkin
pekný / škaredý

başlangıç / son
začiatok / koniec

büyük / küçük
veľký / malý

parlak / karanlık
svetlý / tmavý

erkek kardeş / kız kardeş
brat / sestra

temiz / kirli
čistý / špinavý

tamam / eksik
úplný / neúplný

gün / gece
deň / noc

ölü / canlı
mŕtvy / živý

geniş / dar
široký / úzky

yenilebilir / yenilemez

chutný / nechutný

kötü / iyi

zlostný / láskavý

heyecanlı / sıkılmış

vzrušený / unudený

şişman / zayıf

tlstý / chudý

ilk / son

prvý / posledný

dost / düşman

priateľ / nepriateľ

dolu / boş

plný / prázdny

sert / yumuşak

tvrdý / mäkký

ağır / hafif

ťažký / ľahký

açlık / susuzluk

hlad / smäd

hasta / sağlıklı

chorý / zdravý

yasa dışı / yasal

nelegálny / legálny

zeki / aptal

inteligentný / hlúpy

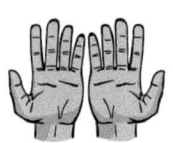

sol / sağ

vľavo / vpravo

yakın / uzak

blízko / ďaleko

yeni / kullanılmış

nový / použitý

hiçbir şey / bir şey

nič / niečo

yaşlı / genç

starý / mladý

açma / kapama

zapnuté / vypnuté

açık / kapalı

otvorené / zatvorené

sessiz / gürültülü

tichý / hlasný

zengin / fakir

bohatý / chudobný

doğru / yanlış

správne / nesprávne

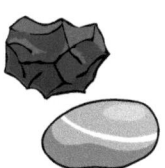

pürüzlü / düz

drsný / hladký

üzgün / mutlu

smutný / šťastný

kısa / uzun

krátky / dlhý

yavaş / hızlı

pomaly / rýchlo

ıslak / kuru

mokrý / suchý

sıcak / serin

teplý / studený

savaş / barış

vojna / mier

0

sıfır

nula

1

bir

jeden

2

iki

dva

3

üç

tri

4

dört

štyri

5

beş

päť

6

altı

šesť

7

yedi

sedem

8

sekiz

osem

9

dokuz

deväť

10

on

desať

11

on bir

jedenásť

12
on iki

dvanásť

13
on üç

trinásť

14
on dört

štrnásť

15
on beş

pätnásť

16
on altı

šestnásť

17
on yedi

sedemnásť

18
on sekiz

osemnásť

19
on dokuz

devätnásť

20
yirmi

dvadsať

100
yüz

sto

1.000
bin

tisíc

1.000.000
milyon

milión

İngilizce

angličtina

Amerikan İngilizcesi

americká angličtina

Çince (Mandarin)

mandarínska čínština

Hintçe

hindčina

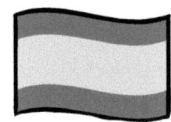

İspanyolca

španielčina

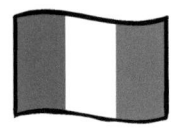

Fransızca

francúzština

Arapça

arabčina

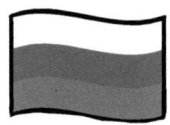

Rusça

ruština

Portekizce

portugalčina

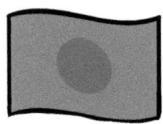

Bengalce

bengálčina

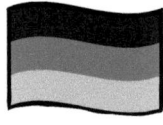

Almanca

nemčina

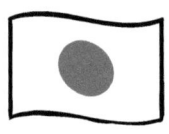

Japonca

japončina

ben
ja

sen
ty

o
on/ona/ono

biz
my

siz
vy

onlar
oni

kim?
kto?

ne?
čo?

nasıl?
ako?

nerede?
kde?

ne zaman?
kedy?

isim
meno

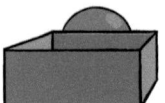

arkasında

za

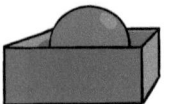

içinde

v

önünde

pred

üzerinde

nad

üstünde

na

altında

pod

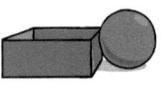

yanında

vedľa

arasında

medzi

yer

miesto